AF503984

8° Z
LE SENNE
6185

BIBLIOTHÈQUE NATIONALE
FONDS LE SENNE
Nº 608
IMPRIMÉS

# LA BIÈVRE

8° Z
Le Senne
6184

# JUSTIFICATION DU TIRAGE

Nos 1 à 25. Exemplaires sur Japon Impérial, avec quatre états des eaux-fortes dont un état imprimé en couleurs, le tirage à part des bois et un dessin inédit, rehaussé d'aquarelle de Léon Lebègue.

Nos 26 à 75. Exemplaires sur Japon Impérial, contenant trois états des eaux-fortes dont l'eau-forte pure et le tirage à part des bois.

Nos 76 à 176. Exemplaires sur Japon Impérial, contenant deux états des eaux-fortes dont l'avant-lettre avec remarques et le tirage à part des bois.

Nos 177 à 500. Exemplaires sur vélin teinté, avec les gravures dans le texte.

Plus 20 exemplaires sur Chine, trois états dont l'eau-forte pure et le tirage à part des bois.

N° 254
77

J.-K. HUYSMANS

# LA BIÈVRE

DESSINS ET EAUX-FORTES

DE

LÉON LEBÈGUE

PARIS

LIBRAIRIE DES AMATEURS

A. FERROUD. — F. FERROUD, Successeur

*127, Boulevard Saint-Germain, 127*

1914

*A GEORGES LANDRY*

LA Bièvre représente aujourd'hui le plus parfait symbole de la misère féminine exploitée par une grande ville.

Née dans l'étang de Saint-Quentin, près de Trappes, elle court, fluette, dans la vallée qui porte son nom, et, mythologiquement, on se la figure, incarnée en une fillette à peine pubère, en une naïade toute petite, jouant encore à la poupée, sous les saules.

Comme bien des filles de la campagne, la Bièvre est, dès son arrivée à Paris, tombée dans l'affût industriel des racoleurs; spoliée de ses vêtements d'herbes et de ses parures d'arbres, elle a dû aussitôt se mettre à l'ouvrage et s'épuiser aux horribles tâches qu'on exigeait d'elle. Cernée par d'âpres négociants qui se la repassent, mais, d'un commun accord, l'emprisonnent à tour de rôle, le long de ses rives, elle est devenue mégissière, et, jours et nuits, elle lave l'ordure des peaux écorchées, macère les toisons épargnées et les cuirs bruts, subit les pinces de l'alun, les morsures de la chaux et des caustiques. Que de soirs, derrière les Gobelins, dans un pestilentiel fumet de vase, on la voit, seule, piétinant dans sa boue, au clair de lune, pleurant, hébétée de fatigue, sous l'arche minuscule d'un petit pont!

Jadis, près de la poterne des Peupliers, elle avait encore pu garder quelques semblants de gaîté, quelques illusions de site authentique et de vrai ciel. Elle coulait sur le bord d'un chemin, et de légères passerelles reliaient, sur son dos, la route sans maisons à des champs au milieu desquels s'élevait un cabaret peint en rouge; les trains de ceinture filaient au-dessus d'elle, et des essaims de fumée blanche volaient et se nichaient dans des arbustes, dont l'image brisée se reflétait encore dans sa glace brune; c'était, en quelque sorte, pour elle, un coin de dilection, un lieu de repos, un retour d'enfance, une reprise de la campagne où elle était née; maintenant, c'est fini, d'inutiles ingénieurs l'ont enfermée dans un souterrain, casernée sous une voûte, et elle ne voit plus le jour que par l'œil en fonte des tampons d'égout qui la recouvrent.

Plus loin, il est vrai, elle sort de ses geôles, et, divisée en deux bras, suit le chemin de la Fontaine-à-Mulard et de la rue du Pot-au-Lait. Dans ces parages écartés, elle fut autrefois charmante. Entre ces deux ruisseaux s'étendaient une prairie, plantée d'arbres, et des petits étangs granulés de mouches vertes par des lentilles d'eau ; des fleurs étoilaient l'herbe ; des buissons de mûres enchevêtraient leurs tiges munies d'épines courbes et roses comme des griffes ; le paysage était presque désert ; çà et là, quelques enfants pêchaient des grenouilles ; un cheval blanc paissait ; près d'une chèvre, une femme alignait des cordes pour sécher du linge ; la Bièvre bouillonnait, joyeuse, sur des pierres, tandis qu'à perte de vue dans le ciel s'étageaient les charpentes et les terrasses des mégissiers, au-dessus desquelles se superposaient, séparés par des tuyaux d'usine,

les emphatiques et lourds dômes du Panthéon et du Val-de-Grâce.

La rue de Tolbiac, bâtie sur remblai, a rompu l'horizon que ferme maintenant une ligne de bâtisses neuves; les peupliers sont coupés, les saules détruits, les étangs desséchés, la prairie morte. Le travail de la Bièvre, désormais accaparée par les tanneurs, bruit, sans haleine et sans trêve.

Pour la suivre dans ses détours, il faut remonter la rue du Moulin-des-Prés et s'engager dans la rue de Gentilly; alors, le plus extraordinaire voyage dans un Paris insoupçonné commence. Au milieu de cette rue, une porte carrée s'ouvre sur un corridor de prison, noir comme un fond de cheminée incrusté de suie; deux personnes ne peuvent passer de front. Les murs s'exostosent et se couvrent d'eschares et de salpêtre et de fleurs de dartres; un jour de cave descend sur une boutique de marchand de vin,

[illegible] Colline [illegible]

[illegible] par les [illegible] habitants et sans [illegible]

[illegible] concerter [illegible] engager [illegible] des [illegible] prison [illegible] de [illegible]

[illegible] de perdre [illegible] et de [illegible]

BIBLIOTHÈQUE NATIONALE R.F.

à la mine pluvieuse, à la devanture éraillée, frappée de pochons de fange, puis ce boyau se casse, dans un autre également étroit et sombre ; l'on arrive à une porte à moitié fermée et sur le fronton de laquelle on lit en caractères effacés ces mots : « Respect à la loi et aux propriétés », mais si on lève la tête, on aperçoit au-dessus des murailles de vieux arbres, et par le judas d'une ouverture condamnée, des fusées de verdure, des fouillis de sorbiers et de lilas, de platanes et de trembles ; pas un bruit dans cet enclos retourné à l'état de nature, mais une odeur de terre humide, un souffle fade de marécage; puis, si l'on continue sa route dans le couloir qui s'achemine en pente, l'on se heurte à un nouveau coude, la sente s'élargit et s'éclaire, et près d'un marchand de mottes, l'on tombe dans une rue bizarre, avec des maisons avariées et des pins de cimetière, écimés et secs, rejoints entre eux par des fils sur lesquels flottent des draps.

C'est la ruelle des Reculettes, un vieux passage de l'ancien Paris, un passage habité par les ouvriers des peausseries et des teintures. Aux fenêtres, des femmes dépoitraillées, les cheveux dans les yeux, vous épient et vous braquent ; sur le pas de portes à loquet, des vieillards se retournent qui lient des ceps de vigne serpentant le long des bâtisses en pisé dont on voit les poutres.

Cette ruelle se meurt, rue Croulebarbe, dans un délicieux paysage où l'un des bras demeuré presque libre de la Bièvre paraît ; un bras bordé du côté de la rue par une berge dans laquelle sont enfoncées des cuves ; de l'autre, par un mur enfermant un parc immense et des vergers que dominent de toutes parts les séchoirs des chamoiseurs. Ce sont, au travers

d'une haie de peupliers, des montées et des descentes de volets et de cages, des escalades de parapets et de terrasses, toute une nuée de peaux couleur de neige, tout un tourbillon de drapeaux blancs qui remuent le ciel, tandis que, plus haut, des flocons de fumée noire rampent en haut des cheminées d'usine. Dans ce paysage où les resserres des peaussiers affectent, avec leurs carcasses ajourées et leurs toits plats, des allures de bastides italiennes, la Bièvre coule, scarifiée par les acides. Globulée de crachats, épaissie de craie, délayée de suie, elle roule des amas de feuilles mortes et d'indescriptibles résidus qui la glacent, ainsi qu'un plomb qui bout, de pellicules.

Mais combien attrayantes sont ses deux petites berges ! celle qui longe le mur du verger garni de treilles, plantée de chrysanthèmes et de tomates, hérissée d'artichauts trop mûrs dont les têtes sont des brosses couleur de mauve ! et l'autre, celle qui était jadis réservée aux lavandières, évoque à elle seule toute une antique province, avec ses pavés encadrés d'herbe et ses blanchisseuses, enfouies, au ras de l'eau, jusqu'aux aisselles, dans ces baquets où elles se démènent et chantent, en battant le linge; ce lavoir des anciens temps est aujourd'hui presque désert; c'est à peine si une ou deux habitantes de la ruelle descendent maintenant pour savonner dans cette sauce, tout au plus si quelques gamins jouent à la bloquette auprès du mur.

Puis, sous une croûte de terre formant porche, la Bièvre disparaît à nouveau et s'enfonce dans une ombre puante; la rue Croulebarbe continue,

BIBLIOTHÈQUE NATIONALE

mais toute la gaieté du parc voisin s'arrête. Il ne reste plus, jusqu'à l'avenue des Gobelins, qu'un amas de bouges dont la vicieuse indigence effraye. Pour retrouver la morne rivière, il faut passer devant la manufacture de tapisserie et s'engager dans la rue des Gobelins.

Ici, la scène change; le décor d'une misère abjecte s'effondre, et un coin de vieille ville, solennelle et sombre, surgit à deux pas des avenues modernes. La rue arbore d'anciens hôtels, convertis en fabriques, mais dont le seigneurial aspect persiste. Au numéro 3, une porte cochère, énorme et trapue, aux vantaux martelés de clous, donne accès dans une vaste cour où de hautes fenêtres évoquent les fastueux salons du temps jadis. C'est l'hôtel du marquis de Mascarini, maintenant encombré par des camions; des marchands de chaussures, des teinturiers, des apprêteurs, ont mué les boudoirs en bureaux de commande et de caisse; l'absorption du noble passé par la roturière richesse du temps présent est accomplie. Les

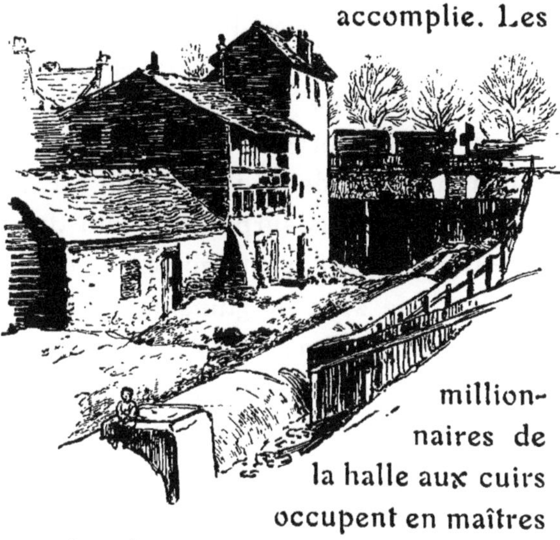

millionnaires de la halle aux cuirs occupent en maîtres ces hôtels entourés de jardins verts et galonnés d'un ruban noir par la Bièvre. Plus loin, sur le boulevard d'Italie, par dessus un petit mur, l'on peut plonger dans ces promenades semées de boulingrins et de corbeilles, entourées de buis, taillées dans le goût vieillot des parcs auliques.

La rue des Gobelins aboutit à une passerelle bordée de palissades ; cette passerelle enjambe la Bièvre, qui s'enfonce d'un côté sous les boulevards Arago et de Port-Royal, et de l'autre longe la ruelle des Gobelins qui est, à coup sûr, le plus surprenant coin que le Paris contemporain recèle.

C'est une allée de guingois, bâtie, à gauche, de maisons qui lézardent, bombent et cahotent. Aucun alignement, mais un amas de tuyaux et de gargouilles, de ventres gonflés et de toits fous. Les croisées grillées bambochent; des morceaux de sac et des lambeaux de bâche remplacent les carreaux perdus ; des briques bouchent d'anciennes portes, des Y rouillés de fer retiennent les murs que côtoie la Bièvre; et cela se prolonge jusqu'aux derrières de la manufacture des Gobelins où cette eau de vaisselle s'engouffre, en bourdon-

nant, sous un pont. Alors, la ruelle élargit ses zigzags et le vieux bâtiment, bosselé d'un fond de chapelle que des vitraux dénoncent, sourit avec ses hautes fenêtres, dans le cadre desquelles apparaissent les ensouples et les chaînes, les modèles et les métiers de la haute lisse.

A droite, la ruelle est bordée d'étables qui trébuchent sur une terre pétrie de frasier et amollie par des ruisseaux d'ordure. Çà et là, de grands murs, rongés de nitre, fleuronnés de moisissures, rosacés de toiles d'araignée, calcinés comme par un incendie; puis d'incohérentes chaumines, sans étage, grêlées par des places de clous, jambonnées par des fumées de poêle; et, le soir, les artisans qui logent dans ces masures prennent le frais sur le pas des portes, séparés, par des barres de fer emmanchées dans des poteaux de bois mort, de l'eau en deuil qui, malade, sent la fièvre et pleure.

Sans doute, cette étonnante ruelle décèle l'horreur d'une misère infime; mais cette misère n'a ni l'ignoble bassesse, ni la joviale crapule des quartiers qui l'avoisinent ; ce n'est pas le sinistre délabrement de la Butte-aux-Cailles,

la menaçante immondice de la rue Jeanne-d'Arc, la funèbre ribote de l'avenue d'Italie et des Gobelins ; c'est une misère anoblie par l'étampe des anciens temps ; ce sont de lyriques guenilles, des haillons peints par Rembrandt, de délicieuses hideurs blasonnées par l'art. A la brune, alors que les réverbères à huile se balancent et clignotent au bout d'une corde, le paysage se heurte dans l'ombre et éclate en une prodigieuse eau-forte ; l'admirable Paris d'antan renaît, avec ses sentes tortueuses, ses culs-de-sac et ses venelles, ses pignons bousculés, ses toits qui se saluent et se touchent ; c'est, dans une solitude immense, la silencieuse apparition d'un improbable site dont le souvenir effare, lorsqu'à trois pas, le long de casernes neuves, la foule déferle sous des becs de gaz et bat, sur les trottoirs, en gueulant, son plein.

Mais ce n'est pas tout ; ce séculaire vestige du vieux Paris confine à des surprises plus extraordinaires encore.

Au milieu de la ruelle, devant la Bièvre, une porte sans battant, percée dans le mur noir, ouvre sur une cour en étoile, formée de coins et de racoins. L'on a devant soi de grandes bâtisses chevronnées, qui se cognent, les unes contre les autres, et se bouchent; partout des palis clos, des renfoncements abritant de gémissantes pompes, des portes basses, au fond desquelles, dans un jour saumâtre, serpentent de gluants escaliers en vrilles; en l'air, des fenêtres disjointes avec des éviers dont les boîtes cabossent; sur les marges des croisées, du linge, des pots de chambre, des pots de fleurs plantés d'on ne sait quelles tiges; puis, à gauche, la cour s'embranche sur un couloir qui colimaçonne, déroulant, tout le long de sa spirale, des boutiques de marchands de vin. Nous sommes dans le passage Moret, qui relie la ruelle des Gobelins à la rue des Cordelières, dans la cour des Miracles de la peausserie. Et, soudain, à un détour, un autre bras de la Bièvre coule, un bras mince, enserré par des usines qui empiètent, avec des pilotis, sur ses pauvres bords. Là, des hangars abritent d'immenses tonneaux, d'énormes foudres, de formidables coudrets, emplâtrés de chaux, tachés de vert-de-gris, de cendre bleue, de jaune de tartre et de brun loutre ; des piles de tan soufflent leur parfum acéré d'écorce, des bannes de cuir exhalent leur odeur brusque ; des tridents, des pelles, des brouettes, des râteaux, des roues de rémouleur, gisent de toutes parts ; en l'air, des milliers de peaux de lapin racornies s'entrechoquent dans des cages, des peaux diaprées de taches de sang et sillées de

fils bleus; des machines à vapeur ronronnent, et, au travers des vitres, l'on voit, sous les solives où des volants courent, des ouvriers qui écument l'horrible pot-au-feu des cuves, qui râtissent des peaux sur une douve, qui les mouillent, qui les « mettent en humeur », ainsi qu'ils disent; partout des enseignes : veaux mégis et mort-nés, chabraques et scieries de peaux, teintureries de laine, de poils de chèvre et de cachemyre ; et le passage est entièrement blanc ; les toits, les pavés, les murs sont poudrés à frimas. C'est, au cœur de l'été, une éternelle neige, une neige produite par le râclage envolé des peaux. La nuit, par un clair de lune, en plein mois d'août, cette allée, morte et glacée, devient féerique. Au-dessus de la Bièvre, les terrasses des séchoirs, les parapets en moucharabis des fabriques se dressent inondés de froides lueurs ; des vermicelles d'argent frétillent sur le cirage liquéfié de l'eau ; l'immobile et blanc paysage évoque l'idée d'une Venise septentrionale et fantastique ou d'une impossible ville de l'Orient, fourrée d'hermine. Ce n'est plus le rappel de l'ancien Paris, suggéré par la ruelle des Gobelins, si proche ; ce n'est plus la hantise des

loques héraldiques et des temps nobiliaires à jamais morts. C'est l'évocation d'une Floride, noyée dans un duvet d'eider et de cygne, d'une cité magique, parée de villas, aux silhouettes dessinées sur le noir de la nuit, en des traits d'argent. Ce site lunaire est habité par une population autochtone qui vit et meurt dans ce labyrinthe, sans en sortir. Ce hameau, perdu au fond de l'immense ville, regorge d'ouvriers, employés dans ce passage même aux assouplissantes macérations des cuirs. Des apprentis, les bas des culottes attachés sur les tibias avec une corde, les pieds chaussés de sabots, grouillent, pêle-mêle avec des chiens ; des femmes, formidablement enceintes, traînent de juteuses espadrilles chez des marchands de vin ; la vie se confine dans ce coin de la Bièvre dont les eaux grelottent le long de ses quais empâtés de fange.

L'aspect féerique de ce lieu diminue le jour, ou du moins la vue de ses tristes habitants, qui forment comme la populace oubliée d'un roi de Thunes, détourne des songes hyperboréens, greffés sur les rêves d'une Italie languissante ou d'un Orient torride ; la réalité refoule les postulations vers les contrées des au-delà, car, en arrivant à la rue des Cordelières, le passage

BIBLIOTHÈQUE NATIONALE R.F.

Moret devient modernement sordide. L'on dirait, de ses appentis en lattes, de ses maisons de salive et de plâtre, des voitures de saltimbanque, dételées et privées de roues. Ces boîtes, coiffées de tôle, sont précédées, au dehors, d'escaliers vermoulus, chancis, mous, dont les marches plient et suintent l'eau gardée, dès qu'on les touche. Aux lucarnes, dont les cadres inégaux culbutent, des chaussettes inouïes, qui par leur pointure étonnent, se balancent sous la neige animale des peaux, des chaussettes en gros fil, lie de vin, émaillées de reprises de couleur, épaisses comme des souches.

La Bièvre a désormais disparu, car au bout de la rue des Cordelières le Paris contemporain commence. Écrouée dans d'interminables geôles, elle apparaîtra maintenant, à peine, dans des préaux, au plein air ; l'ancienne campagnarde étouffe dans des tunnels, sortant, juste pour respirer, de terre, au milieu des pâtés de maisons qui l'écrasent. Et il y a alors contre elle une recrudescence d'âpreté au gain, un abus de rage ; dans l'espace compris entre la rue Censier et le boulevard Saint-Marcel, l'on opprime encore l'agonie de ses eaux; dès que la malheureuse paraît, les Yankees de la halle aux cuirs se livrent à la chasse au nègre, la traquent et l'exterminent, épuisant ses dernières forces, étouffant ses derniers râles, jusqu'à ce que, prise de pitié, la Ville intervienne et réclame la morte qu'elle ensevelit, sous le boulevard de l'Hôpital, dans la clandestine basilique d'un colossal égout.

Et pourtant, combien était différente, de cette humble et lamentable esclave, l'ancienne Bièvre ! Ecclésiastique et suzeraine, elle longeait le couvent des

Cordelières, traversait la grande rue

Saint-Marceau, puis filait à travers prés sous des saules, se brisait soudain, et devenue parallèle à la Seine, descendait dans l'enclos de l'abbaye Saint-Victor, lavait les pieds du vieux cloître, courait au travers de ses vergers et de ses bois, et se précipitait dans le fleuve, près de la porte de la Tournelle.

Liserant les murs et les tours de Paris où elle n'entrait point, elle jouait, çà et là, sur son parcours, avec de petits moulins dont elle se plaisait à tourner les roues ; puis elle s'amusait à piquer, la tête en bas, le clocher de l'abbaye dans l'azur tremblant de ses eaux, accompagnait de son murmure les offices et les hymnes, réverbérait les entretiens des moines qui se promenaient sur le bord gazonné de ses rives. Tout a disparu sous la bourrasque des siècles, le couvent des Cordelières, l'abbaye de Saint-Victor, les moulins et les arbres. Là où la vie humaine se recueillait dans la contemplation et la prière, là où la rivière coulait sous l'allégresse des aubes et la mélancolie des soirs, des ouvriers affaitent des cuirs, dans une ombre sans heures, et plongent des peaux, les

« chipent », comme ils disent, dans les cuves où marinent l'alun et le tan; là, encore, dans de noirs souterrains ou dans des gorges resserrées d'usine, l'eau exténuée, putride.

Symbole de la misérable condition des femmes attirées dans le guet-apens des villes, la Bièvre n'est-elle pas aussi l'emblématique image de ces races abbatiales, de ces vieilles familles, de ces castes de dignitaires qui sont peu à peu tombées et qui ont fini, de chutes en chutes, par s'interner dans l'inavouable boue d'un fructueux commerce?

# TABLE DES GRAVURES


La Bièvre à Gentilly et à Verrières (couverture).

Lavoirs d'Arcueil, frontispice (eau-forte).

La Bièvre aux fortifications (cabochon du titre).

La Bièvre à Gentilly (en-tête, eau-forte).

Page 7 Mégissier (lettre ornée)

— 11 La ruelle des Gobelins.

— 12 Mégisserie à Gentilly (hors texte, eau-forte).

— 15 La ruelle des Reculettes.

— 17 Pavillon de chasse de M. de Julienne.

— 19 Entrée de la Bièvre dans Paris.

— 21 Vieux pavillon des bords de la Bièvre.

— 23 Château de la reine Blanche.

— 34 Lavoirs à Gentilly (hors texte, eau-forte).

Page 27 Passage Moret.
— 29 Passage Moret.
— 33 Pont à Gentilly.
— 35 Lavoirs à Arcueil.
— 36 Mégisseries à Gentilly (cul-de-lampe).

ACHEVÉ D'IMPRIMER

sur les Presses

DE L'IMPRIMERIE LAHURE

Juin 1914

---

Bois gravés par BOIZOT

---

BIBLIOTH. NATIONALE RF

IMP. LAHURE

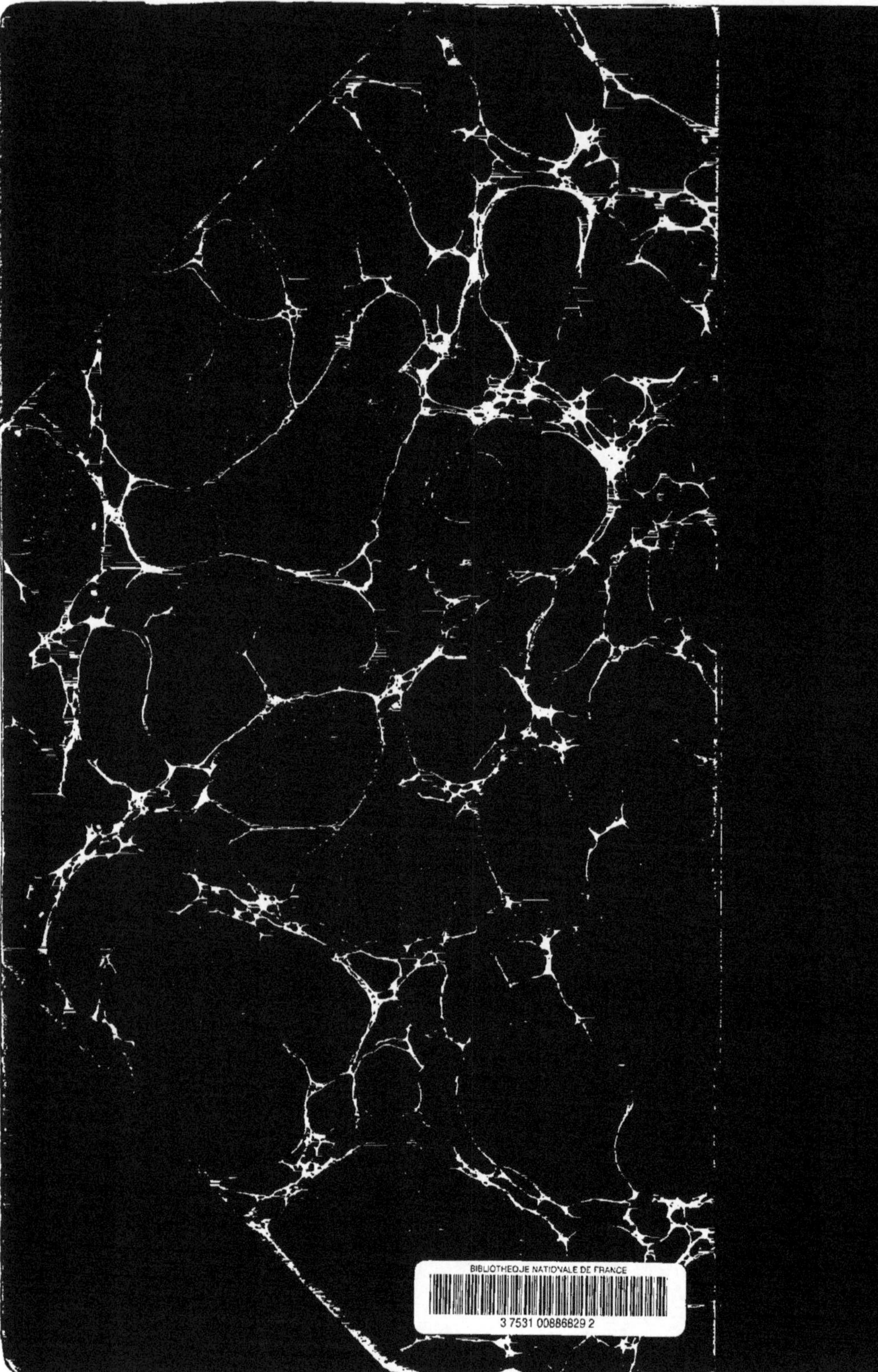

BIBLIOTHEQUE NATIONALE DE FRANCE
3 7531 00886829 2

www.ingramcontent.com/pod-product-compliance
Ingram Content Group UK Ltd.
Pitfield, Milton Keynes, MK11 3LW, UK
UKHW021216230726
13926UKWH00003B/1061

9 782014 431766